Recomeçar

Recomeçar

Editores: *Luiz Saegusa* e *Claudia Z. Saegusa*
Capa: *Rebecca Barboza*
Projeto Gráfico e diagramação: *Rebecca Barboza*
Revisão: *Rosemarie Giudilli*
Finalização: *Mauro Bufano*
1ª edição: 2020
Impressão: *Lis Gráfica e Editora*

Dados Internacionais de Catalogação na Publicação (CIP)
(Câmara Brasileira do Livro, SP, Brasil)

Salles, Adeilson Silva
Recomeçar / Adeilson Silva Salles. --
1. ed. -- São Paulo : Intelítera Editora, 2020.
Bibliografia
1. Espiritismo 2. Mensagens I. Título.

14-01048   CDD-133.93

Índices para catálogo sistemático:
1. Mensagens espíritas : Espiritismo 133.93

ISBN 978-85-7067-022-9

Cibele Maria Dias - Bibliotecária - CRB-8/9427

Rua Lucrécia Maciel, 39 – Vila Guarani
CEP 04314 -130 – São Paulo – SP
11 2369 -5377
intetelitera.com.br - facebook.com/intelitera

ADEILSON SALLES

Recomeçar

Sem a bênção do recomeço no campo emocional e espiritual a vida não seria um aprendizado.

RECOMEÇAR

O que seria do aluno em sala de aula se não tivesse a oportunidade de refazer a lição equivocada?

A sucessão dos dias é a sequência de recomeços diários nos dando a chance de refazer, reiniciar, recomeçar novas experiências, para que possamos trilhar novos caminhos.

Não se enxerga novo caminho se o olhar estiver preso ao chão.

Não se vislumbra o amanhecer se a mente permanecer embotada nas trevas da noite.

Recomece, refaça, reconstrua, reinicie, reposicione-se, reencontre-se na esperança de recomeçar nova história para sua vida.

Não se esqueça de que você é um ser espiritual tendo uma experiência material.

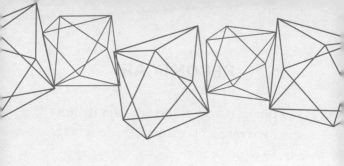

PERDOE-SE,
É IMPORTANTE
ACEITAR AS PRÓPRIAS
LIMITAÇÕES.

PERDOE-SE

Não é possível recomeçar qualquer aprendizado sem a compreensão das próprias limitações perante a vida.

Se ontem as coisas não caminharam bem, paciência.

Entenda que você não é infalível, os resultados obtidos foram frutos de suas opções.

Se a colheita foi de lágrimas, seja paciente consigo mesmo, sem exigir posturas que ainda não consegue realizar. Toda lágrima significa novo aprendizado, chance de recomeço.

Recomece sem carregar consigo o peso das mágoas. Coloque mais espiritualidade em suas ações!

LIXOS EMOCIONAIS

Empreenda a nova caminhada sem o peso das angústias, pois elas dificultam seus passos em direção à sua felicidade.

As dificuldades do passado devem ficar de fora de seus planos para o futuro.

O recomeço pede nova postura para a obtenção de resultados diferentes.

Lembre-se de jogar fora os velhos mapas, pois você já os conhece.

É necessário uma dose de arrojo para desbravar novos caminhos.

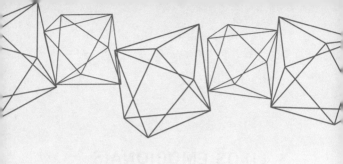

SEM PLANEJAR
O NOVO RUMO VOCÊ
NÃO SABERÁ QUAL É O NOVO
CAMINHO A SEGUIR.

NOVOS CAMINHOS

As rotas antigas conduziram você aos vales de lágrimas e dor.

É possível que a precipitação e a ansiedade tenham sido até então suas bússolas orientadoras. Para novo começo é preciso manter a calma a fim de escolher o novo rumo com segurança.

Avalie sem medo e, com honestidade, os percursos de ontem para a caminhada de hoje.

Conhecendo seu destino o caminhar fica facilitado.

O DESÂNIMO É OBSTÁCULO EM VOCÊ MESMO.

REANIMAR

O desgosto e o desânimo mantêm a criatura presa ao passado e às lições equivocadas.

Para refazer novos caminhos trazendo para a vida a alegria e a paz é imprescindível animar-se ante os promissores desafios. O bom ânimo é poderoso combustível a nutrir o espírito de esperança.

O desânimo evidencia preguiça e medo, retendo o espírito nas malhas da desilusão.

Reanime-se para recomeçar!

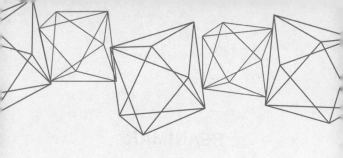

Não existe fim, a vida sempre pede recomeço. Você é um ser espiritual!

NÃO EXISTE FIM

Toda situação, por mais difícil nos pareça, pode revelar inúmeras possibilidades de aprendizado.

Não existe nada definitivo, tudo na vida é incessante progresso, mesmo que ele se dê sob os auspícios de copiosas lágrimas.

Após a dissipação das nuvens constatamos que o sol não saiu do lugar. Ele permanece lá, mesmo que os dias sejam nebulosos, num sinal claro de que não existe fim.

Ano novo, pessoa nova!

REAPRENDENDO

A mudança de algarismo no calendário humano nada significa sem a alteração do psiquismo das pessoas.

Elaborar uma imensa lista de desejos para o novo ano é prática repetida ao longo do tempo. Não é necessário aguardar a mudança de ano, já que toda transformação deve ocorrer na intimidade de nosso ser. Reinicie sua vida a cada nova lição que lhe for imposta. Renove seu compromisso consigo mesmo, entendendo que a mudança de ano nada renova se a renovação não se der em nós.

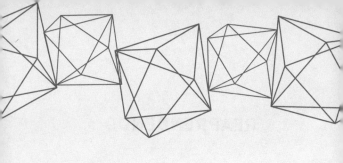

A NATUREZA É UM EXUBERANTE EXEMPLO DE RECOMEÇO.

FOLHAS E PESSOAS

A árvore amiga se desprende de suas folhas em estação determinada para que possa seguir mais viçosa e cheia de vida. Assim ocorre com o ser humano que em algumas estações da vida é obrigado a se desapegar das folhas velhas, os velhos conceitos, a fim de seguir renovado para viver mais feliz.

O Espírito sempre se renova!

É necessário permitir que a vida leve embora as coisas que não acrescentam mais nada em nossa caminhada. Pessoas e folhas são levadas pelos ventos da transformação.

Insucessos são convites reiterados para o recomeçar.

INSUCESSOS

Algumas pessoas afirmam que nada dá certo para elas. Acreditam que nesse universo de possibilidades apenas elas não conseguem atingir os próprios objetivos. Sentem-se abandonadas, relegadas a uma categoria inferior da classe dos filhos de Deus.

São condicionamentos mentais viciosos que impedem um recomeçar efetivo. Se as coisas não estão dando certo é preciso recomeçar tantas vezes quantas forem necessárias a fim de se lograr a conquista do objetivo anelado.

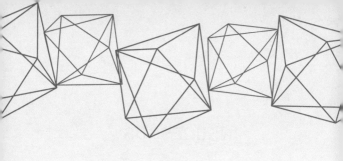

Relacionamentos são trocas de experiências e aprendizados, alguns se estendem por toda a vida física, outros pedem recomeço.

RELACIONAMENTOS

Muito justo se espere o "felizes para sempre" em se tratando de relacionamentos, mas não é assim que o aprendizado acontece. Existem psiquismos que se buscam na incessante vibração dos aprendizados e desenvolvimento afetivo. Almas se encontram e se encantam todas em busca da realização de seus sonhos. Algumas permanecem unidas, outras ainda carecem amadurecer e recomeçar no terreno do amor, com isso, fazem suas escolhas e responderão por elas, ante as leis naturais que regem a vida.

Não fique parado, recomece! O espírito é eterno aprendiz!

PAUSA

Não importa onde você parou, ou o que te levou a paralisar os passos.

O importante é ter lucidez e clareza da nova direção a seguir.

Os pés estão fustigados pelos caminhos pedregosos de até então?

Faça pequena pausa, mas não se identifique com a paralisia. Respire fundo, calce os calçados da esperança e da vontade e siga confiante.

Escolha novo rumo e recomece.

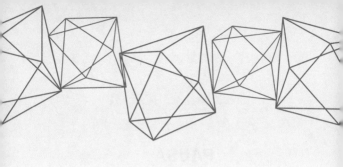

Observe o prazer
que as coisas
simples oferecem
ao seu espírito.

SIMPLICIDADE

Muitas vezes sonhamos sonhos impossíveis, que se realizados nos levariam aos abismos da morte. Colocamos nossos sonhos em situações e em pessoas inatingíveis para os nossos propósitos de momento. A luz chega para a criatura de acordo com a evolução de sua retina espiritual, com sua capacidade de absorção da claridade. Luz demais pode cegar, sonhos inadequados fazem sofrer pelas expectativas que criam.

Privilegie as coisas mais simples, elas estão ao alcance do coração humilde.

Renove-se espiritualmente!

RENOVA AÇÃO

Que tal mudar o caminho para o trabalho? Modificar o corte de cabelo?

Aquela vontade de aprender violão, por que não fazer agora?

Que tal ter coragem de dar bom dia para aquela pessoa com quem você sempre teve dificuldades em falar? A grande renovação da vida se dá nas singelas mudanças que implementamos em nossos hábitos.

Recomece pelas coisas pequenas, que as grandes transformações se dão sem que você perceba.

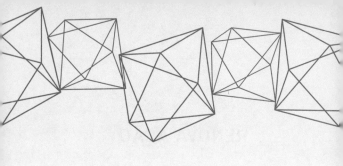

A TRISTEZA É UMA
PRISÃO QUE TORNA
INVISÍVEIS ALGUMAS
PESSOAS QUE PODERIAM
TE LIBERTAR.

TRISTEZA

Não se permita a prisão nas grades da tristeza. Renove suas esperanças fundamentando-as na busca por novos caminhos através do trabalho no bem. O trabalho renova, previne, resgata e auxilia.

Quando tudo for tristeza em torno de seus passos, se esforce no serviço de auxílio ao próximo. O labor renovará suas forças para novo recomeço. Certamente, à sua volta existem pessoas que são as sementes da renovação anelada.

Use as lentes do coração e veja a vida com mais espiritualidade.

A faxina mental favorece o recomeçar. É preciso higienizar-se espiritualmente.

FAXINA

Não é possível o recomeço sem que tudo esteja limpo. Inicie sua faxina mental esfregando com força as sujeiras dos pensamentos viciosos. Aqueles que visitam a mente insistentemente.

Substitua essas energias por novos sonhos e atitudes. Leia bons livros, deixe de lado programas de TV que incitem o pior. Não participe de conversas em que a fofoca seja o assunto principal. Higienize-se mentalmente para recomeçar. Ore e alimente sua mente com pensamentos renovadores.

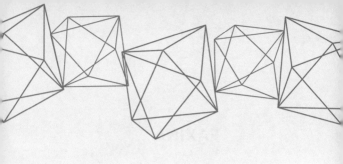

Os passos para trás não importam, importa o primeiro passo para frente.

PARA FRENTE

Esforce-se por sair do lugar; mesmo que doa, caminhe.

Situações ruins ferem seus pés?

Ainda assim caminhe, pois não existe outra maneira de mudar as coisas sem esforço. Lembre-se: Quanto mais tempo você se mantiver preso aos pensamentos do passado, mais difícil será sua renovação. Já derramou todas as lágrimas, já reviu todas as coisas que lhe trazem lembranças dolorosas, agora é preciso renascer. Promova seu despertar antes que a dor aumente.

Mudar de opinião é reflexo de mudanças íntimas. O espírito é sempre aprendiz!

MUDAR DE OPINIÃO

Não tenha medo de mudar de opinião, isso é reflexo de sua maturidade espiritual. Muitos acreditam que manter a opinião a qualquer custo é firmeza de caráter.

Como somos aprendizes no círculo de nossos relacionamentos, temos sempre algo a aprender com todas as pessoas.

Aprendemos com os amigos, filhos, esposas, maridos, enfim, mudar de opinião também implica renovação de ideias.

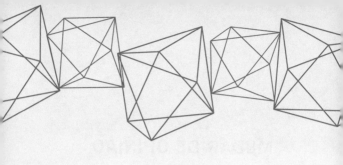

*N*ÃO COMECE NENHUM
PROJETO EM SUA VIDA
MOVIDO PELA RAIVA,
OU MÁGOA.

RAIVA E MÁGOA

Nada se constrói e se edifica tendo a raiva ou a mágoa como alicerce.

Sentimentos conflitantes roubam a lucidez das mais simples decisões.

Projetos alimentados por sentimentos deletérios têm prazo de validade muito curto.

Vale a pena ressaltar que a raiva manifestada pela criatura deixa a vida impregnada dessas energias doentias.

A raiva e a mágoa produzem projetos mórbidos, fadados ao fracasso.

É PRECISO REFLETIR PARA A TOMADA DE QUALQUER AÇÃO. COLOQUE ESPIRITUALIDADE EM SUAS ESCOLHAS.

APRENDER SEMPRE

Agir precipitadamente é perder preciosas oportunidades de aprender com a vida. Aquele que pensa saber tudo é o mais desatualizado em suas ações.

Um dos grandes inimigos da renovação é a impulsividade.

Agir por impulso causa profundos dissabores e, na maioria das vezes, é ponte para o arrependimento.

Não fale sem pensar, não aja segundo as ações alheias. Pare, pense e recomece.

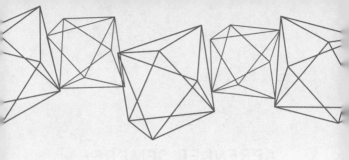

O FIM DE UMA HISTÓRIA
DE AMOR É SEMPRE
OPORTUNIDADE
DE RECOMEÇO.

HISTÓRIA DE AMOR

Infelizmente, muitas vezes, o "para sempre" sempre acaba. Relacionamentos amorosos não concedem a qualquer das partes o título de propriedade sobre o coração alheio. Desgastes acontecem, quando o diálogo fica de lado e as pessoas vão se deixando ao longo do tempo. Os divórcios vão se enraizando pela vida afora nos pequenos abandonos e descuidos no trato afetivo com o parceiro(a). Normalmente, o fim de um relacionamento é o recomeçar da vida com novas lentes e cuidados.

As lágrimas do mundo são inalteráveis. As lágrimas são colírios para se enxergar a Deus.

LÁGRIMAS

Pode não servir de consolo, mas nesse momento existem muitas pessoas ao redor do mundo sofrendo e chorando como você. A diferença na duração do sofrimento está na aceitação de que a vida na Terra é uma gangorra, nem sempre justa entre risos e lágrimas.

Compreender que nesse mundo não existe ninguém que esteja isento das agruras dessa vida, já é meio caminho percorrido para se livrar das próprias lágrimas. A dor no tempo varia, cada qual tem o seu dia. Agora é a melhor hora para recomeçar.

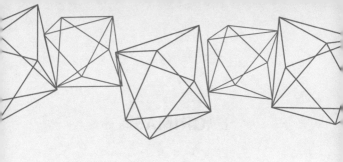

A LOUCURA E O DESTEMPERO LEVAM À IRA. AS ATITUDES IMPENSADAS TRAZEM DANO PARA O CORPO E O ESPÍRITO.

IRA

A violência sempre evidencia a falta de capacidade para se manter os argumentos racionais.

Cuidado com os pensamentos doentios alimentados ao longo do tempo.

Quando pensamos em alguém e o corpo revela grande desconforto emocional, preste atenção: sinal de perigo!

Existem fatos que só existem dentro de nossa cabeça e, se alimentados, crescem de maneira incontrolável nos levando à loucura. Renove-se!

*P*OSICIONAR-SE SIGNIFICA QUE METADE DOS PROBLEMAS ESTÃO SOLUCIONADOS.

POSICIONE-SE

Não se delongue para tomar uma decisão. Pense, reflita e decida-se.

Angústias terríveis acometem a alma indecisa.

Posicione-se e siga em direção à sua decisão.

Tenha coragem de assumir sua escolha, e de maneira confiante recolha o doce e o amargo de sua decisão.

Se você se decidiu, o êxito já começou. Agora, trabalhe para atingir seu objetivo.

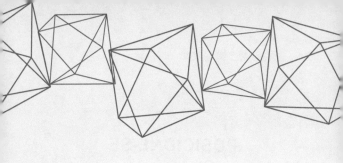

Todo nascimento
implica sofrimento.
A dor é a contração
que faz nascer mais
espiritualidade em nós.

PARTO

Todo renascimento é difícil momento de sofrimento.

Abandonar antigas posturas, velhas ideias e costumes sempre gera grande desconforto emocional.

Mas, não adianta se lamentar, é preciso seguir em frente com coragem e determinação. Partos doem muito. Tornar-se nova criatura, promover o parto emocional de si próprio é conduta desafiadora. A maioria opta pelo oásis ilusório do medo e da preguiça de mudar. Nasça assim mesmo!

Sonhos de amor nascem dentro da alma da gente.

SONHOS

Nossos sonhos antes de se tornarem realidade nascem e ganham força dentro da alma da gente.

As coisas que se tornam tangíveis nascidas dentro da alma trazem consigo beleza inigualável.

As flores mais belas foram plantadas nos jardins dos corações que amam. Mesmo com os espinhos da vida é sempre possível recomeçar e tecer os melhores sonhos de esperança, pois o amor é a argamassa das inolvidáveis realizações.

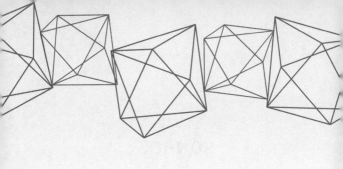

Recrie sua vida sempre.
Sua vida é mais do que
seus olhos veem.

RECOMEÇO

Recrie sua vida sempre, recomece, por mais crítico que seja o momento. Remova todas as pedras, todos os obstáculos.

Onde há pedras, plante flores.

Onde rolam as lágrimas, semeie o sorriso da esperança.

Onde a descrença é ordem, espalhe a luz da fé.

Para toda dor, existe nova forma de amor. Ame!

Ame a si mesmo e procure corresponder a esse amor com honestidade.

AME-SE

Ame-se com tal honestidade que terá a certeza de experimentar a felicidade plena.

É preciso ser feliz consigo mesmo para vivenciar um amor verdadeiro para com o próximo.

Como recomeçar se mal me conheço? Realize uma excursão pelos escaninhos da própria alma para avaliar suas reais necessidades.

Não se pode recomeçar sem que se conheça os próprios anseios.

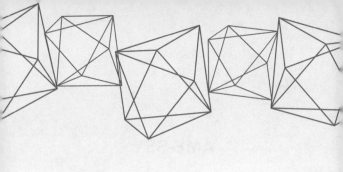

A VIDA COMEÇA A CADA AMANHECER.

AMANHECER

Tome sua vida em suas mãos antes que a dor e a loucura lancem mão dela. Assuma suas necessidades de felicidade sem outorgar a outrem a responsabilidade pelo seu sorriso.

E da mesma forma, procure não responsabilizar os outros por sua dor.

Creia, risos ou lágrimas são construções nossas edificadas pelos tijolos da atitude.

Entenda que não existem gozo eterno, nem lágrimas perpétuas. Recomece todo dia!

Estamos passando, apenas isso!
Não somos daqui!

DE PASSAGEM

Não acumule muitas bagagens que sejam demasiadamente pesadas para essa passagem. Juntamos muitas coisas das quais não carecemos, com isso, a viagem se torna enfadonha e desgastante.

Procure juntar sorrisos e alegrias em sua trajetória pelo mundo.

Colecione os bons momentos que elevam sua alma às alturas do amor.

Se caiu, levante-se... se chorou, sorria... se sofreu, aprenda... se foi enganado, não engane.

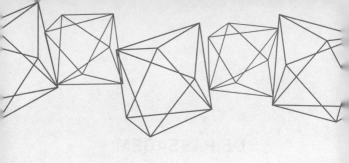

Sepultar sonhos
é morrer em vida.
Acredite em você!

SEPULTURA

Não cale as coisas que são caras ao seu coração.

Sua morte começa justamente no instante que sepulta suas crenças e sonhos.

Ressuscite seus ideais, mantenha sua crença no amor.

Não se alije do mundo porque algo não deu certo.

Não se abandone, não se perca de si mesmo.

Sua constituição divina não foi criada para a dor. Você é um ser espiritual.

DIVINO

É o princípio inteligente do universo a refletir a inteligência suprema.

Seus atos refletem a energia nascida de sua alma, do âmago do seu ser.

Cada palavra proferida por você representa o hálito de seu coração, pois vem da boca de sua alma.

Tem a capacidade de criar o melhor em torno de seus passos.

Por isso, decida agora, recomece agora, pois você não foi criado para viver aprisionado ao medo e à ignorância.

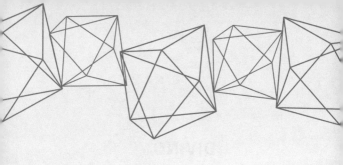

HABITE NO QUE PENSA!

ONDE VOCÊ MORA?

Resida exatamente onde nascem seus pensamentos.

Sua morada é seu coração, se ele experimentar a paz. O universo exterior é o reflexo do seu universo interior.

Se morar na paz, seus gestos e palavras serão de mansidão.

Avalie bem o que pensa, assim refletirá no mundo o brilho de sua alma.

Avalie-se e resida na morada da paz!

O SOL SE ERGUE DIARIAMENTE NO HORIZONTE PARA VOCÊ!

RECOMEÇANDO O DIA

Recomece seu dia à maneira do sol iluminando as pessoas com a luz de sua simpatia.

Distribua raios aquecedores em forma de sorriso.

Leve a claridade de sua fé onde quer que caminhe.

Faça de seu amor o brilho maior, a iluminar o coração das pessoas à sua volta. Recomece seu dia à maneira do sol, ilumine silenciosamente sem cobrar tributos de gratidão.

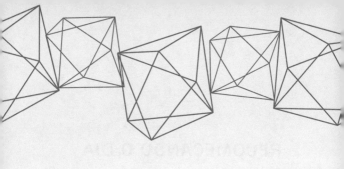

Recomece e vá, com coragem e determinação.

CORAGEM

Recomece com coragem e determinação, sem temer a luta por seus ideais. Se ontem a luta foi mais difícil, hoje é novo dia e deve ser pleno de esperança.

Não se acovarde, pois o "não" você já tem, agora é lutar pelo "sim".

Se a vontade já norteia seus caminhos, a vitória está próxima.

Tenha fé, tenha esperança e marche em direção às suas conquistas. Recomece e vá!

A MORTE TAMBÉM É RECOMEÇO.

RECOMEÇAR SEMPRE

A morte também é recomeço, tanto para quem parte, quanto para quem fica. Para quem fica, a difícil adaptação à ausência de quem se ama.

Para quem parte, o recomeço é no mundo espiritual. A dinâmica da vida é o reflexo da mais incompreensível sabedoria. Daquilo que ainda não alcançamos. Então, é melhor recomeçar amando e amando sempre, pois não sabemos em que momento seremos chamados a recomeçar na outra dimensão.

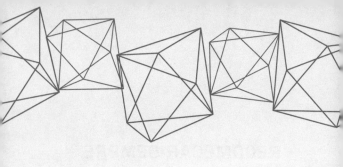

Não há nada que possa deter seus sonhos.

RETOMAR

Quantos sonhos ficaram pelo caminho? Talvez seja o momento de uma retomada dos projetos antigos.

Aqueles que algumas pessoas lhe disseram não ser importante.

Se são os outros que determinam a realização de seus sonhos e projetos, está na hora de repensar, retomar e recomeçar o que ficou de lado por causa das opiniões alheias.

Quantos tesouros largamos pelo caminho por ouvir os outros?

Não perca sua capacidade de sonhar! Os sonhos alimentam o ser espiritual.

SONHAR

Os sonhos principiam na acústica da alma.

Para muita gente ele começa com a dúvida: Será que eu mereço? Será que consigo?

Sabemos que a capacidade de realizar é proporcional à vontade de executar. Então, nunca duvide do seu merecimento e capacidade de realização.

Indague-se sobre o tamanho da sua vontade e o quanto de determinação você está disposto a colocar em suas ações.

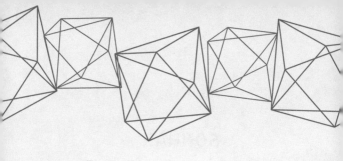

Segunda-feira é sempre véspera de nova semana, momento para recomeçar.

RÉVEILLON

Deveríamos realizar um singelo Réveillon a cada domingo, pois toda segunda-feira é tempo de recomeçar a semana.

Dessa forma, podemos fazer aquela pequena lista, as promessas para a renovação da vida. E é justamente essa possibilidade de se viver recomeçando que faz da vida a maravilha que ela é.

Independentemente do dia da semana, do mês ou do ano, recomece sempre, pois é você quem determina os sonhos que deve ter.

*E*M ALGUNS MOMENTOS
A VIDA QUER NOS EDUCAR.
PARA O ESPÍRITO O
APRENDIZADO É INFINITO.

EDUCAR

Em muitos momentos de nossa vida as coisas parecem caminhar muito bem, até que tudo muda abruptamente.

Ficamos sem entender e passamos a nos questionar intimamente.

Então, a vida começa o seu processo educativo, e o que era supostamente o caminho certo, transforma-se em calvário.

Quando negamos a recomeçar, a vida vem e nos impulsiona para o novo começo.

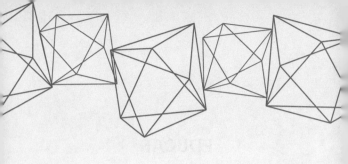

A MAIOR AVENTURA DE SUA VIDA É APAIXONAR-SE POR SI MESMO.

APAIXONAR-SE

É preciso manter o encanto por si mesmo.

O cultivo das melhores coisas, que carrega dentro de sua alma, garantem um caso de amor permanente em sua vida.

Mantenha o foco em seus sonhos e mesmo que de momento eles não se realizem, recomece tantas vezes quanto for preciso para lograr suas conquistas.

Não canse de se descobrir, pois você é um universo de potencialidades.

*P*ARTIR TAMBÉM É UM MEIO DE RECOMEÇAR.

PARTIDAS

Às vezes, partir, e é sempre difícil partir, é necessário para que novos sentimentos possam chegar ao nosso coração.

A vida, às vezes, nos parece gigantesca estação de encontros e despedidas. Algumas pessoas passam apressadas diante de nossos olhos, mas ficam para sempre em nosso coração.

Outras permanecem por muito tempo diante de nós, mas mesmo assim barreiras imensas impedem que o afeto anelado se estabeleça.

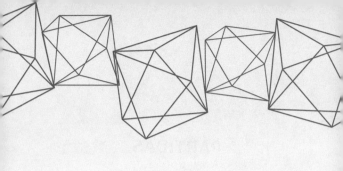

O MEDO É FATOR QUE
IMPEDE O RECOMEÇO.

MEDOS E RECOMEÇOS

O medo é uma venda em nossos olhos que nos impede de enxergar novos caminhos.

Já a coragem é como uma lente nova que nos leva a investir no novo caminhar.

Para se recomeçar é necessário arriscar. Jogue fora os seus medos, pois eles de nada servem para se percorrer novos caminhos.

Lembre-se que a vida é feita de recomeços e incertezas. Arrisque!

São nos momentos de controvérsia e desafio que surgem os convites para novo começo.

DESAFIOS

Nos momentos em que tudo anda bem terminamos paralisados pelo conforto. Então, bate o vento das dificuldades tirando tudo do lugar e nos pega desprevenidos.

Ainda você não percebeu que a vida na Terra é como navegar no oceano?

As marés se alternam entre a calmaria e a agitação.

Importante manter as mãos firmes no leme, pois, mais dia menos dia a embarcação dos nossos sonhos pode ficar à deriva.

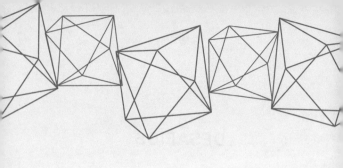

Dê-se nova chance!

REFAÇA

Não importa em que momento você perdeu a crença.

Importa agora é se dar nova chance, refazer o que pode e deve ser refeito.

Não permita que o orgulho turve a sua visão. Se agarre à nova chance e prossiga acreditando.

Se não se sentir merecedor de um recomeço, o que será de você?

Siga a vontade alheia e viverá chorando.

Há momentos em que a melhor solução é partir.

PARTIR E RECOMEÇAR

Existem momentos em que a melhor solução é a partida. Recomeçar do zero, buscar novas descobertas, novos caminhos e esperanças.

Em algumas situações deve-se apenas fechar a porta e apagar a luz, pois seu lugar não é mais naquela situação.

Lágrimas cairão, pois nunca é fácil deixar os sonhos outrora sonhados.

Mas persevere, pois novo dia logo vem, em breve chega outro recomeçar.

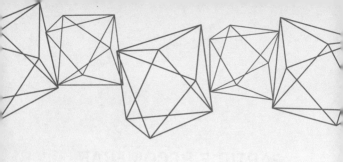

*N*ÃO ELEJA CULPADOS, RESPONSABILIZE-SE POR SUA VIDA.

CULPADOS

Não gaste suas energias procurando alguém para culpar por causa de suas limitações. Não adianta insistir com certas situações, pois elas não são para você.

A vida vai dizendo não, mas se você teimar e insistir ela poderá lhe dar o que deseja, então o estrago vai ser muito grande. Existem coisas que ainda não nos servem nesse momento, por que ficar insistindo? Recomece de outra maneira, aceitando que tanto quanto os outros, você também tem suas limitações.

*Não fique
remoendo as coisas
que não lhe servem.*

REMOENDO

Ficar mastigando o passado vai dar mais angústia, a azia da alma.

Quanto mais você alimenta esse pensamento, mais seus pés ficam acorrentados ao passado. Jogue fora as mágoas e rancores, faz bem à saúde da alma. Todas as vezes que relembra das coisas ruins, revive os mesmos momentos tormentosos. Livre-se dessas correntes invisíveis e recomece, aceitando que nem tudo é como se deseja. Existem correntes as quais aceitamos ficar presos voluntariamente.

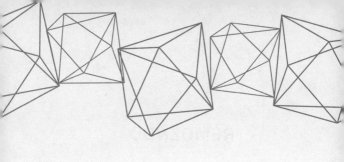

Busque novo horizonte para sua vida. Espiritualize sua maneira de ver a vida.

VOOS MIGRATÓRIOS

Tais quais as aves migratórias, entenda que algumas dores duram o tempo de uma estação. É importante que compreenda que em alguns momentos as mudanças são a única solução.

O espírito humano parece, às vezes, com as aves migratórias que necessitam empreender novo voo para preservar a própria existência.

Quando não temos coragem de mudar voluntariamente, a estação esfria e somos obrigados a procurar novo ninho.

*N*ão importa o que aconteceu no dia anterior.

NOVA MANHÃ

Amanheça com o novo dia e escolha ter um dia feliz.

Não importa quão fria e triste tenha sido a madrugada.

Viva a nova manhã em plenitude de esperança e alegria. Não devemos condenar a semana por causa de um dia ruim. Assim como não podemos maldizer o ano inteiro por causa de uma péssima semana.

A vida é feita de constantes recomeços. Então, recomece agora!

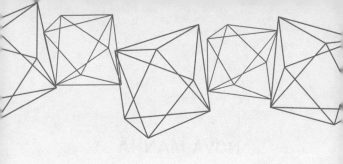

Não existe fracasso! Existe apenas aprendizado.

LIÇÕES

Não existem fracassos, ou pessoas fracassadas, existem lições a ser repetidas, apenas isso!

O mau êxito em qualquer situação reflete a necessidade de se preparar melhor para a experiência.

Não permita que ninguém lhe adjetive de modo depreciativo, pois somos todos aprendizes. Recomece, refaça, retome a lição e trilhe novo caminho.

Existem muitos caminhos para o mesmo ponto de chegada.

O OCEANO MOSTRA
A FORÇA DA MARÉ NA
DANÇA DO RECOMEÇAR.

IR E VIR

Nem todo recuo é desistência, nem todo avanço é vitória. Mas, o que pode levar alguém ao êxito é a persistência, o ir e vir no momento oportuno.

O mar quando quebra na praia é prova clara de que sua força está no constante recomeço.

Assim seja você, uma pessoa forte que nunca desiste dos próprios sonhos.

Avance sempre e recue quantas vezes forem necessárias.

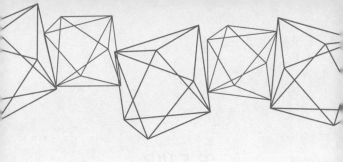

Algumas situações
na vida necessitam de
vírgulas para se
recomeçar nova história.

VÍRGULAS

Não existem pontos finais!

Podemos escrever a nossa história com vírgula, reticências e ponto e vírgula.

O que não podemos fazer é nos tornar um sujeito oculto, ou sermos escravos do passado imperfeito.

Procuremos sempre o presente e o futuro, mais que perfeito.

Dessa maneira, faremos do amor o nosso objeto direto e conjugaremos sempre os verbos amar e recomeçar.

*J*OGUE FORA TUDO
QUE NÃO FOI BOM,
DESAPEGUE DO QUE
LHE FAZ MAL.

DESAPEGO

Não retenha em suas mãos os espinhos que ferem. Situações ou pessoas podem se tornar espinhos ao longo do tempo.

Saia da chamada zona de conforto e retome sua vida em suas mãos.

A mudança da situação pode estar num simples gesto, na retomada da própria vida.

Passividade demais pode levar à vida de menos!

Assuma-se, renove-se, mexa-se!

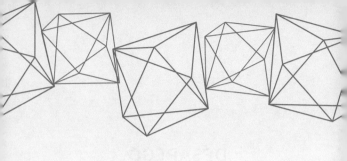

DERRUBE AS VELHAS PAREDES, CASO CONTRÁRIO, ELAS PODEM DESABAR SOBRE VOCÊ.

QUEBRE TUDO

Construções antigas não dispõem de alicerces suficientemente fortes para novas construções. É preciso quebrar tudo para erguer edifícios novos, embasados na fé, na esperança e no amor.

Em algumas ocasiões não é possível remendar velhos conceitos, mas erguer novos sonhos.

Derrube e reconstrua, uma vida nova requer nova estrutura.

Com a experiência que você tem agora da vida, o novo edifício terá a argamassa do amor em cada tijolo assentado.

Nossas escolhas são os lápis com que escrevemos nossa história.

NOSSA HISTÓRIA

Sua história ainda tem muitas páginas a serem escritas.

Preste muita atenção em cada parágrafo que o lápis de suas atitudes vem grafando. Não aja como se sua vida fosse um papel de rascunhos.

Valorize cada oportunidade, cada momento ao lado das pessoas que ama.

Se o texto escrito por você está ruim, reescreva, apague tudo com a borracha do perdão e recomece a sua história.

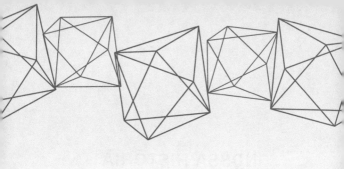

Conjuguemos o verbo recomeçar!

VERBO RECOMEÇAR

Eu recomeço com fé!
Tu recomeças com amor!
Eles recomeçam com esperança!
Nós recomeçamos com determinação.
Vós recomeçais sorrindo!
Eles recomeçam em paz!
A vida é a arte de recomeçar sempre e amorosamente o nosso caminhar.

Não permita que alguém lhe diga que seus sonhos são bobagens.

SEUS SONHOS

Acredite em seus sonhos!

Realize-os, busque-os com toda força de seu coração.

Não procure a aprovação dos outros para todos os seus projetos.

Corra riscos e pague o preço por suas escolhas.

Você pode até sofrer e errar com as escolhas feitas, mas irá adquirir maturidade espiritual, e essa só se consegue às custas das próprias lutas e lágrimas. Reconstrua-se!

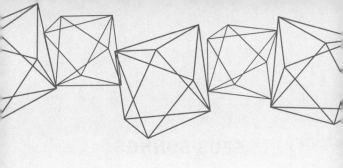

Ontem você chorou, hoje você sorri!

RISOS E LÁGRIMAS

O que você espera da vida?

Facilidades ou lutas?

Nada se constrói de maneira miraculosa, é preciso trabalhar muito para lograr o objetivo. De queda em queda, de vitória em vitória, de tropeço em tropeço vamos aprendendo. E na pausa para tomar fôlego entre as lutas do mundo, chegam as lágrimas, vão-se os sorrisos.

Se cair não se identifique com o chão, se sorrir, mantenha-se vigilante, pois nova luta se avizinha.

Ah, se eu pudesse faria tudo diferente!

COMEÇAR DE NOVO

Quantas vezes você já não disse essa frase: Ah, seu pudesse faria tudo novamente!

Pois é, avalie tudo que vem acontecendo nesse momento e, caso seja necessário, comece de novo para não se lamentar depois.

Esforce-se por dominar a ansiedade e a inquietação, pois esses comportamentos são pedras de tropeço na vida de qualquer pessoa.

Recomece agora, para não se lamentar depois!

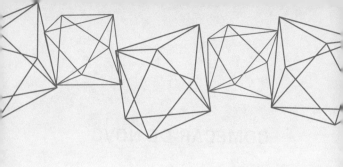

*P*ENSE NOVO, CULTIVE
NOVOS HÁBITOS E O
NOVO LHE RENOVARÁ.

NOVOS PENSAMENTOS

Cultive novos pensamentos, novos hábitos.

Não permita que sua vida aconteça através de ações repetitivas.

É sempre interessante quebrar a rotina, mudando hábitos.

Faça novos caminhos, busque novas distrações, leia novos livros.

Atitudes simples como essas clarificam a mente, mostram novos horizontes. Renovam nosso panorama mental.

Reconheça seus erros e os erros alheios. Já é o primeiro acerto.

ERROS

Reconhecer os próprios erros e através deles adquirir humildade consciente é grande conquista.

Reconhecer os erros alheios, e não se valer disso como atitude repressora, é sinal de compreensão.

Quando erramos, necessitamos reavaliar nossas ações, e se for o caso, recomeçar a partir do ponto onde nos equivocamos.

Aceitar os próprios erros e os equívocos de nossos semelhantes é sinal claro de recomeço íntimo.

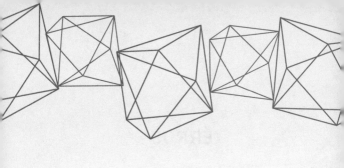

É PRECISO VIVER
BEM AS PERDAS.

PERDAS

A vida nos oferta muitas coisas e nos retira outras tantas. Administrar essas supostas perdas não é tão fácil assim.

Somente quem já aprendeu a assimilar as dores desse mundo é capaz de lidar com mínimo equilíbrio ante as perdas, e assim recomeçar.

Vale indagar: O que temos de fato neste mundo? O que nossas mãos e bolsos são capazes de reter?

Nada nos pertence. De nosso, somente, aquilo que sentimos e o que levamos os outros a sentir.

ATRAVESSE SEUS DESERTOS, MATE SEUS LEÕES.

MATANDO LEÕES

Nossos medos são feras terríveis que de quando em vez nos acuam.

Existem noites traiçoeiras que nos levam a chorar as mais amargas decepções.

Se a vida lhe oferece um convite para novo recomeço, seja humilde e aceite o desafio.

Quem enfrenta os próprios medos, doma os leões imaginários e espera por nova madrugada em meio a noites traiçoeiras, já sabe que vale a pena recomeçar.

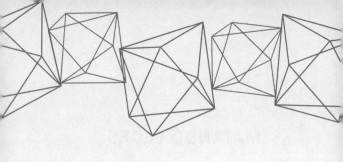

Não existe céu
sem tempestade.

DIFICULDADES

Do mesmo modo que não existe céu sem tempestade, não existe vida sem dificuldades.

Tudo obedece a um fim educativo para nossa existência.

A tempestade, embora ruja com as vozes dos trovões, também promove a renovação atmosférica, necessária à continuidade da vida. As dificuldades, ainda que produzam lágrimas, também trazem o fortalecimento do espírito, amadurecendo-o para a compreensão da própria vida.

Refine a paciência para ter a ciência de viver.

PACIÊNCIA

Existem algumas tempestades que não se pode enfrentar.

Imaginar que tudo se possa encarar é ilusão infantil.

Em algumas tormentas, por sua intensidade, o melhor a fazer é permanecer abrigado na paciência.

A paciência nos ajuda a enxergar as coisas com mais clareza, nos previne de atitudes impensadas. Enquanto a borrasca não passa, recomecemos novo momento, refinando a paciência.

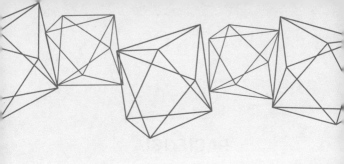

Existem mãos
estendidas para lhe
ajudar a recomeçar.
Mesmo que você
não as veja.

AUXÍLIO

A visão se turva quando os olhos choram, e é mais difícil encontrar uma saída.

Nenhuma situação, por mais dolorosa se apresente, cerra todas as portas.

Existe sempre uma mão estendida, alguém que vem oferecer ajuda.

As dores da vida têm sua função educativa e a força de nos fazer crescer espiritualmente.

Se não pode resolver
todos os problemas,
recomece por etapas.

ETAPAS

Não temos como superar grandes obstáculos de uma única vez.

É preciso paciência e perseverança.

O alpinista enfrenta as grandes escaladas vencendo etapas previamente estudadas.

Os grandes problemas podem ser superados gradativamente, etapa por etapa. As lutas da vida são sempre recomeços, pois após enfrentá-las nos tornamos muito mais fortalecidos e renovados.

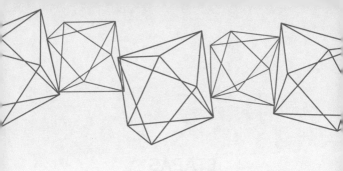

*N*ão seja vítima
de seus problemas.

PEGUE SUA VIDA

Evite se tornar vítima de seus problemas, enfrente-os com serenidade.

A lamentação e a queixa são males da alma e podem se tornar problemas crônicos.

Tome sua vida nas mãos, assumindo e encarando as lutas.

Sua vida é seu maior tesouro, portanto, não desista de lutar.

Aceitar o papel de vítima da vida é se colocar na posição de coitadinho, e não existe ninguém inocente no mundo.

O MUNDO PODE LHE ABANDONAR, PORÉM O FIM DE TUDO É ABANDONAR-SE!

ABANDONO

Alguns problemas são tão complicados de se resolver, que a impressão que temos é de que estamos sozinhos no mundo.

Mesmo que isso ocorra não se abandone, não desista de investir em sua vida, em seus potenciais.

O tamanho da luta está diretamente ligado à força que você tem dentro de si. São esses grandes desafios que cumprem o papel do trampolim para o salto do espírito em direção à sua evolução.

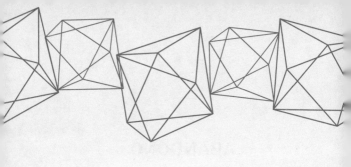

*N*ão durma com o inimigo, perdoe e tenha boa noite de sono.

DORMINDO MAL

Não leve o inimigo para dormir com você.

São tantos os conflitos que geram desconforto emocional.

Quebre as correntes invisíveis da mágoa e do orgulho ferido.

Quanto mais alimentamos o sentimento de melindre, mais nos aproximamos daqueles com os quais temos dificuldades.

Perdoar é também recomeçar uma vida mais feliz.

Seu destino é você quem escolhe!

DESTINO

Cada escolha diária trará consequências para toda sua vida.

Uma pequena atitude pode se tornar a semente de um grande mal.

O destino não está traçado pelo imponderável, somos nós que o definimos através das decisões que tomamos a toda hora. Se até esse momento de sua vida os reflexos do passado lhe causam dor, avalie o teor de suas escolhas.

Não há como culpar a ninguém pelo que nos acontece de pior, pois as sementes estão em nossas mãos.

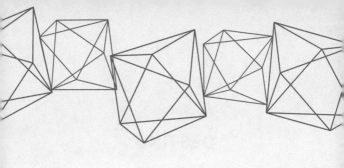

A PIOR PRISÃO É A
QUE CERCEIA A LIBERDADE
DE PENSAR.

PRISÕES

Existem homens em liberdade física, mas prisioneiros de sentimentos infelizes.

Quantos não estão andando pela rua encarcerados no ódio, na indiferença. Ao longo dos séculos a humanidade foi encarcerada na culpa, no débito adquirido pelo pecado original.

Esse atavismo ainda hoje enclausura muitas mentes e corações.

Liberte-se aprendendo a ser livre para conceber a vida por sua capacidade de pensar. Renove sua mente!

Tenha tempo para as coisas que você ama. Alimente-se espiritualmente!

CLAUSURA

Não se demore no passado, nem corra para o futuro.

Saboreie cada minuto, cada hora do tempo presente. O passado não resolve o hoje, o futuro ainda não chegou, só se pode ser feliz hoje, agora! Quando estiver em sua casa, esteja em sua casa de corpo e alma.

Quando estiver no seu trabalho, esteja no seu trabalho. Faça uma coisa de cada vez e viva de maneira a dar a importância devida a cada compromisso.

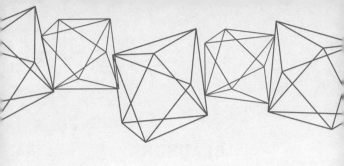

Você é uma joia
única no palco da vida.

ÚNICO

Dentre tantos milhões, você é absolutamente único e original.

Suas virtudes foram conquistadas com muito esforço de sua parte, através de séculos de aprendizado.

É certo que a natureza não dá saltos, e nada ocorre como passe de mágica. Você sabe de suas lutas e batalhas íntimas para manter seu equilíbrio.

Mesmo caindo aqui e acolá, recomece sempre com garra e siga adiante. Seu brilho é sua conquista.

A VIDA TEM SUA EXPRESSÃO MAIS IMPORTANTE NA REALIDADE DO RECOMEÇO.

REPETIR

Não importa onde você errou!

Ninguém está irremediavelmente condenado a viver sob o guante da culpa.

A vida nos oportuniza sempre o recomeço, a reparação, a possibilidade do perdão, da reconquista.

Recomeçar é uma dádiva preciosa, que revela o amor de Deus para com seus filhos.

O importante é repetir a lição, mas empenhar-se por escrever toda a história de sua vida com muito amor.

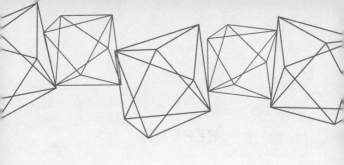

RECEBER 'NÃO' EM QUALQUER SITUAÇÃO É SINAL CLARO DE QUE SE DEVE RECOMEÇAR.

NÃO

Quantos nãos a vida já te deu?

Quantos sonhos ficaram pelo caminho?

Pois é, as negativas da vida são claros sinais de que devemos recomeçar sempre, pois se existe algo que não devemos deixar de fazer é recomeçar.

Muitas vezes, não estamos preparados para ter nosso desejo atendido. Por isso, a vida tem seu próprio tempo, seu ciclo. O que ontem seria pedra de tropeço, hoje é possibilidade de felicidade: Recomece!

Ninguém é feliz fazendo o que não gosta.

HONESTIDADE

É preciso ser honesto consigo mesmo em relação ao trabalho.

Quem faz o que gosta não trabalha, é feliz.

Pense bem se a sua tristeza e insatisfação na vida não estão ligadas à amargura de fazer o que não gosta.

Use de honestidade consigo mesmo e tenha coragem de recomeçar.

É sempre possível dar outro rumo à vida, mas é preciso ter coragem.

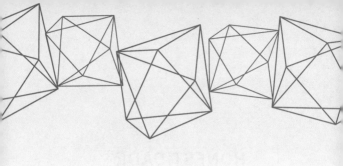

ENFERMIDADES SÃO
PAUSAS DA VIDA
PARA SE PENSAR
EM NOVO COMEÇO.

ENFERMIDADES

Em algumas situações as enfermidades são convites pontuais para se recomeçar a vida de outra maneira.

Avalie se a moléstia que lhe aflige hoje não tem na verdade função educativa para que você mude de postura e atitude.

Quando o corpo apresenta fragilização física, observe de uma forma geral a maneira como você está vivendo.

A vida sempre envia sinais de que é preciso recomeçar a maneira de viver.

Alguns vieram para ficar, outros apenas para ensinar.

PESSOAS

Às vezes, tecemos sonhos de amor e ventura para o futuro.

Entendemos que aquela pessoa é a resposta para todas as nossas carências.

Mas, as coisas não funcionam de maneira simples.

Algumas pessoas passam e marcam nossa vida com ensinamentos preciosos. Outras vêm para nos mostrar que ser feliz é estar bem consigo mesmo.

Amar é capacidade sem limites no ser humano, assim como recomeçar!

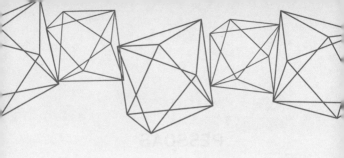

ESTAMOS HOJE NA POSIÇÃO ESCOLHIDA ONTEM. A VIDA É MAIS DO QUE OS OLHOS PODEM VER.

ESCOLHAS

Nada de reclamar da vida de hoje, pois ela foi construída ontem.

É necessário compreender que cada pequeno gesto é como moeda colocada no cofre da vida. Amanhã, quando observarmos nossa economia espiritual teremos guardado justamente o valor de nosso esforço em promover o bem e o amor. Se o seu hoje não é o que você esperava ontem, avalie tudo e pense em recomeçar agora, pois o futuro será a coleção de pequenos gestos e escolhas feitas hoje.

Vida infeliz é a que se passa na inutilidade.

UTILIDADE

A certeza de felicidade está ligada ao quanto somos úteis para todo o contexto em que vivemos.

Ninguém é feliz sem ser útil à vida!

É lei natural, pois a vida nos dará em alegria e felicidade justamente o que proporcionarmos a ela.

Por isso, trabalhar é uma bênção, produzir para o bem de todos um presente de Deus. Quanto mais útil você for, mais felicidade você terá!

Ou: Quanto mais útil você é, mais felicidade você tem.

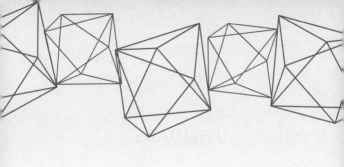

A VIDA É BELA
PELO CAMINHAR!

MOVIMENTO

Viver é movimentar-se, alterar rumos quando preciso.

Viver não é ficar plantado e imóvel esperando que brotem alegrias e conquistas.

A vida se dá pelo dinamismo com que se vive!

Mova-se, e a vida se moverá por você e em você.

Recomece quantas vezes forem necessárias.

A ALMA ESTÁ FERIDA?
MESMO ASSIM, SORRIA
PARA A VIDA!

VENCER NA VIDA

Para vencer na vida, mesmo tendo a alma ferida, você deve enfeitar o rosto com seu melhor sorriso.

Não existem desistências, mas sim recomeços.

Se hoje não deu certo, recomece pela manhã.

Reestruture, reavalie e tente outra vez, pois a vida é feita de batalhas.

A fonte de seu fracasso será sua descrença em si mesmo. A ordem é recomeçar!

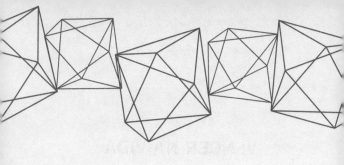

Antes de se preocupar
com a morte resolva os
problemas da vida.
Você é um ser espiritual.

TUDO TEM SEU TEMPO

Na hora do café, tome café de corpo presente!

No momento com a família, esteja de fato com a família.

No período de trabalho, trabalhe com dedicação.

Temos tantas ocupações para atender, por isso, pensar na morte agora é perda de tempo e de vida.

No tempo de recomeçar, recomece!

Desespero é túnel sem saída!

DESESPERO

Ei... acalme seu coração, desespero é cegueira da alma.

Não se aflija, você já viveu situações dolorosas antes e conseguiu superar.

Não eleja culpados, não se coloque como vítima de tudo. Por mais alta que seja a montanha é possível contornar. Sem readquirir o equilíbrio você vai ficar patinando no desespero.

Respire fundo e recomece! Você consegue!

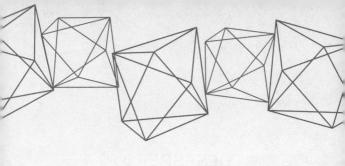

OS AMIGOS NOS REVELAM A NÓS MESMOS!

AMIGOS

Cada amigo que fazemos é como um espelho novo que ganhamos.

Amigos têm grande capacidade de ser espelho a refletir quem somos.

Não despreze as palavras dos inimigos, não as cultive, apenas medite nas verdades que eles têm a coragem de nos dizer.

Quanto aos amigos, eles falam verdades sorrindo, os inimigos falam odiando. Aos inimigos o recomeço, aos amigos as lágrimas.

Não espere perder para tentar ganhar.

CRISES

Crises se instalam nos pegando de surpresa.

Não espere perder para tentar ganhar.

Acostumamo-nos com as pessoas e as coisas muito depressa.

As coisas nós podemos mudar de lugar e assim ter sempre um ambiente diferente. As pessoas precisam ser amadas, valorizadas, acarinhadas. Você pode recomeçar agora tendo nova postura, antes que a crise se instale.

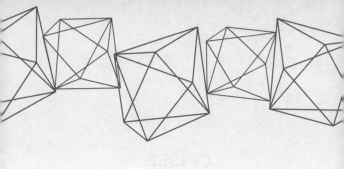

Quando se está feliz um minuto é um dia.

FELICIDADE

Ela não é vendida, não é dada, não é alugada.

Felicidade é conquistada à medida que se aceita a vida como ela é, entendendo que toda mudança passa por si mesmo. A vida não é feliz, você é quem deve ser feliz para ela.

Você não precisa ser amado, pois será feliz se amar, então o amor fará todo o resto. E se as coisas estiverem difíceis, derrube tudo e recomece!

Viver é a arte de recomeçar a cada dia com amor, fé e alegria!

Sonhe e será como os pássaros livres.

SONHAR

Nem tudo é possível, isso é verdade!

Mas, sonhar é manter-se vivo e pleno de esperança. Os sonhos são asas que podem levar qualquer ser humano a alçar seu voo pelo mundo das próprias escolhas.

Sonhe, planeje, elabore, realize!

A paz no mundo é possível se ela começar em você; o amor é real se você amar. Os sonhos são possíveis se você for um sonhador.

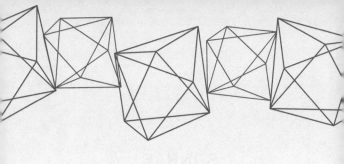

A VIDA NÃO PRECISA DE SIGNIFICADO PARA SER VIVIDA, ELA É O PRÓPRIO SIGNIFICADO.

SIGNIFICADOS

Muita gente procura um significado para viver, mas viver já tem sua maior significação.

Procuramos razões complexas para a vida, mas o óbvio nos escapa à compreensão.

Buscamos além o que está aqui ao lado.

Sentados no ouro da vida, queremos as minas da ilusão. Significar-se, dar-se importância, aceitar-se, amar-se para amar, é a vida acontecendo.

CONSIDERE SUAS
ANGÚSTIAS COMO ACIDENTES
DE PERCURSO.

ANGÚSTIAS

Não considere suas angústias o maior problema do mundo, muito menos do Universo.

Compreenda que quanto mais minimizar os próprios problemas, menor eles se tornarão em sua vida.

Somos nós que alimentamos os medos, as posturas neuróticas e aflitivas.

Da mesma forma, podemos e devemos valorizar os estados e sentimentos mais felizes. Se a noite fica mais escura e densa, acenda um sol de esperança em ti.

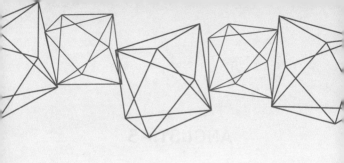

> *Tenha pressa em viver cada dia melhor.*

VIVER

Tenha urgência em ser feliz, pois ser feliz um dia já vale uma vida inteira.

Quantos passam seus dias blasfemando contra a vida, sem se darem conta de que são os artífices da própria infelicidade?

O homem pode escurecer o céu da existência, mesmo ele estando azul e límpido.

Tenha pressa para ser feliz, e se esforce por isso! Os problemas são verdadeiras muralhas, derrube-as e recomece!

*N*ÃO ESPERE PERCEBER QUE A VIDA NÃO DURA MUITO; PARA VIVÊ-LA, RECOMECE COM FÉ!

RECOMEÇAR

Querido amigo, nesse novo dia, livra-me dos cárceres mentais que crio voluntariamente.

Sonda o meu coração, pois nesse novo dia Tu sabes o que se passa dentro dele.

Me ajude a silenciar meu verbo, se ele se fizer agressor.

Me ensine a bendizer o meu semelhante, mesmo que ele me agrida com palavras e desconfianças.

Quero ser, nesse novo dia, um construtor de esperanças. Desejo erguer sonhos, construir o perdão e assentar a paz. Quero edificar esperanças na vida dos que amo.

Contigo em meu coração desejo apenas: Recomeçar!

Adeilson Salles é natural do Guarujá, litoral de São Paulo. É médium, escritor, palestrante e poeta premiado pela Prefeitura Municipal do Guarujá.

Tem 90 livros publicados para crianças, jovens e adultos. Desse número, a grande maioria é dedicada à literatura infantojuvenil.

Alguns de seus títulos são paradidáticos e foram adotados em escolas públicas e particulares.

Sua obra, de cunho infantojuvenil, também foi adaptada para o teatro e traduzida para a língua inglesa.

O êxito de seu trabalho se reflete na participação constante nas maiores bienais e feiras do livro do Brasil.

Atua como palestrante e contador de histórias em centros espíritas, escolas públicas e particulares, universidades e empresas.

Para receber informações sobre os lançamentos da
INTELÍTERA EDITORA, cadastre-se no site:

 www.intelitera.com.br

Para saber mais sobre nossos títulos e autores,
bem como enviar seus comentários sobre este livro,
mande e-mail para:

 atendimento@intelitera.com.br

Conheça mais a Intelítera:

▶ youtube.com/intelitaeditora

◉ instagram.com/intelitera

f facebook.com/intelitera